JESUS E O DINHEIRO

Dados Internacionais de Catalogação na Publicação (CIP)
(Câmara Brasileira do Livro, SP, Brasil)

Pagola, José Antonio
Jesus e o Dinheiro : uma leitura profética da crise / José Antonio Pagola ; tradução de Lúcia Mathilde Endlich Orth. - Petrópolis, RJ : Vozes, 2014.

Título do original: Jesús y el Dinero : uma lectura profética de la crisis

ISBN 978-85-326-4759-7

1. Dinheiro - Ensino bíblico 2. Fé 3. Finanças - Ensino bíblico 4. Jesus Cristo - Ensinamentos 5. Prosperidade 6. Vida cristã I. Título.

14-01098 CDD-248.4

Índices para catálogo sistemático:

1. Dinheiro : Conceitos bíblicos : Vida cristã 248.4

2. Finanças : Conceitos bíblicos : Vida cristã 248.4

Jesus e o Dinheiro

Uma leitura profética da crise

José Antonio Pagola

Tradução de Lúcia Mathilde Endlich Orth

EDITORA VOZES

Petrópolis

Título do original espanhol: *Jesús y el Dinero - Una lectura profética de la crisis*

Edição brasileira publicada sob licença de PPC Editorial y Distribuidora

Direitos de publicação em língua portuguesa - Brasil:
2014, Editora Vozes Ltda.
Rua Frei Luís, 100
25689-900 - Petrópolis, RJ
Internet: http://www.vozes.com.br
Brasil

Diretor editorial
Frei Antônio Moser

Editores
Aline dos Santos Carneiro
José Maria da Silva
Lídio Peretti
Marilac Loraine Oleniki

Secretário executivo
João Batista Kreuch

Editoração: Editoração: Camila Vogel Satyro de Sá
Projeto gráfico: Sheilandre Desenv. Gráfico
Capa: Érico Lebedenco
Imagem de capa: Modern building Landscape in Hong Kong - ©gyn9037 | Shutterstock

ISBN 978-85-326-4759-7 (edição brasileira)
ISBN 978-84-2882-557-3 (edição espanhola)

Editado conforme o novo acordo ortográfico.

Este livro foi composto e impresso pela Editora Vozes Ltda.

Sumário

1
Apanhados numa crise global[1]

A história da humanidade encontra-se no momento atual apanhada por um sistema econômico-financeiro gerado basicamente pelo capitalismo neoliberal. Este sistema conseguiu impor sua ditadura praticamente em todo o mundo, condicionando decisivamente o futuro da comunidade humana.

---

1. Este texto foi elaborado a partir de minhas conferências: "Crisis global – Una mirada profética inspirada en Jesús", pronunciada no Centro Mediterrâneo, Universidade de Granada, aos 29 de março de 2012. • "No podeis servir a Dios y al Dinero – Una lectura profética inspirada en Jesús", pronunciada no Congresso da Associação de Teólogos e Teólogas João XXIII. Madri, 9 de setembro de 2012.

Alimentado pelo desejo insaciável de riqueza, este sistema perverteu a economia, pois o que ela busca não é a produção dos bens e serviços necessários à comunidade humana, mas a acumulação de riqueza em mãos das minorias mais poderosas da Terra. Este sistema tem sua própria lógica:

- afasta a economia do bem comum da sociedade;
- não suporta nenhum controle ou regulação que trate de limitar sua voracidade;
- promove a competitividade implacável, anulando as possibilidades de uma cooperação cada vez mais necessária;
- torna impossível lançar as bases políticas e éticas de qualquer projeto de governança mundial.

Esta crise econômica está acontecendo no seio de outras duas crises mais graves, geradas, em boa parte, pelo próprio sistema. Dois terços da humanidade se afundam na miséria, na destruição e na fome em países cada vez mais excluídos do poder econômico, científico e tecnológico. Por outro lado, o sistema de produção e consumo ilimitado não é sustentável numa Terra pequena e de recursos limitados: a crescente degradação do equilíbrio ecológico está nos conduzindo para um futuro cada vez mais incerto da biosfera e do destino do ser humano.

Por isso a atual crise não é só uma crise econômico-financeira. É uma crise da humanidade. O sistema que dirige nesses momentos a marcha do mundo é objetivamente inumano: conduz uma minoria de poderosos a um bem-estar insensato e desumanizador, e destrói a vida de imensas maiorias de seres humanos indefesos. A razão acabou sendo sequestrada: não se pergunta pelos fins, não se fala do sentido que tem a história da humanidade, nem qual é o lugar do ser humano na Terra. O sistema torna impossível o consenso dos povos e das culturas para pôr no centro a razão do bem comum da comunidade humana numa Terra que seja a casa de todos.

Ao mesmo tempo se promovem falsas soluções para a crise, pensando só em salvar o funcionamento do sistema. A crise é administrada como uma realidade isolada de seu contexto global: a fome no mundo, a crise energética, o caráter insustentável do ritmo de produção atual, a deterioração crescente do planeta são "fatores externos" que só são levados em conta na medida em que possam interessar para salvar o sistema. Não se dão passos para um sistema diferente que tenha em conta o destino comum e compartilhado do ser humano na Terra. Os poderosos que hoje dominam o mundo resolvem sempre suas crises surdos ao clamor dos famintos e cegos diante da devastação crescente do planeta. Tudo se sacrifica ao ídolo do Dinheiro. O historiador Eric Hobsbawn assim diz: "Não sabemos para onde vamos, mas tão somente que a história nos levou até este ponto".

2
Degradação sociopolítica da crise

Golpeados por essa grave crise global em nosso próprio país, lastreados por problemas estruturais próprios, de caráter tecnológico e de produtividade, com uma competitividade mal-assentada nos mercados internacionais, drasticamente recortada nossa possibilidade de endividamento exterior e, sobretudo, apanhados por nossa própria "crise imobiliária" e pela corrupção de importantes entidades financeiras, estamos experimentando a partir de dentro uma degradação sociopolítica da crise, que nos permite captar em toda sua crueza o sofrimento humano, o dano social e a destruição gerados pelo Dinheiro convertido em poder opressor e sem nenhum controle político.

Vamos experimentando dia a dia durante um longo tempo de futuro incerto como nossa crise, administrada a partir de uma ideologia basicamente neoliberal, vai gerando um crescimento imprevisível da pobreza, afundando no desemprego milhões de cidadãos, deixando sem moradia milhares de famílias, golpeando sem piedade os mais fracos, gerando verdadeiros dramas e fazendo crescer de forma sangrenta a desigualdade entre ricos e pobres.

Ao mesmo tempo, estamos constatando como se deterioram os pilares do modelo social vigente até agora, cortando direitos tão básicos como o direito à assistência sanitária ou à educação, fazendo crescer o risco da exclusão social das comunidades mais pobres, enfraquecendo a defesa do bem comum e danificando a coesão social. Por outro lado, a crise está sendo administrada esvaziando de conteúdo o poder de controle do parlamento, dissolvendo na prática o regime parlamentar e enfraquecendo gravemente a cultura democrática.

Entretanto, algo se move no mundo. Cresce a indignação, disparam-se alertas sobre o futuro da biosfera, buscam-se novos paradigmas. As pessoas estão se conscientizando de que o futuro do ser humano depende cada vez mais de suas próprias decisões.

É urgente a necessidade de uma aliança mundial para cuidar da Terra e cuidar-nos uns aos outros. As perspectivas são cada vez mais audaciosas: como unificar a vontade política de todos os países do mundo? Como promover a cooperação de toda a rede de poderes políticos, econômicos e financeiros?

Como aprender, em nível mundial, a viver de maneira solidária e em paz com a natureza?

As dificuldades parecem insuperáveis. Como cortar pela raiz o mal profundo que não é outro senão a tirania imposta pelos poderes financeiros à comunidade mundial? Como sair de maneira mais justa e duradoura de nossa crise sem reforçar ainda mais o sistema opressor do Dinheiro? A humanidade não está religada, mas rompida e fragmentada. O sistema nos impede de caminhar juntos e trabalhar por um destino comum. Onde fundamentar a vontade de libertar o ser humano? Em que direção caminhar para imprimir na história a mudança de rumo de que ela necessita?

3

O impacto profético de Jesus

Jesus não é um sacerdote do Templo, consagrado a cuidar e promover uma religião. Ninguém tampouco o confunde com um mestre da Lei dedicado a defender o marco legal. Os camponeses da Galileia veem em seus gestos e suas palavras de fogo a atuação de um homem impulsionado pelo espírito profético: "Um grande profeta surgiu entre nós"[2]. Jesus, como os profetas de Israel, não faz parte da estrutura política nem do sis-

2. Lc 7,16; cf. Mc 6,15; 8,27-28.

tema religioso. Não é mencionado por nenhum poder. Sua autoridade não vem da instituição, não se baseia nas tradições religiosas. Provém de sua experiência de um Deus empenhado em guiar seus filhos e filhas pelos caminhos da justiça[3].

Quando Jesus fez sua aparição nos anos trinta do século I, o imperador Tibério controlava praticamente, sem grandes problemas, o mundo então conhecido: suas legiões impunham a *pax romana* submetendo os povos a uma tributação implacável.

Na Galileia, Herodes Antipas e os poderosos proprietários de terras de Séforis e Tiberíades exploravam os camponeses das aldeias, sem ter consciência de estar tirando à

---

3. O profeta é *nabí,* isto é, alguém que se sente "chamado" por Deus para dizer ao povo como se veem as coisas a partir de seu coração. Também é chamado *ro'eh* e *hozeh,* isto é, um "vidente" que vê a partir de Deus o que outros não conseguem ver.

força o pão dos pobres. Por outro lado, fazia bastante tempo que os dirigentes religiosos de Jerusalém fingiam que não viam o sofrimento da gente pobre.

Roma pretende que a *pax romana* é a paz definitiva. A religião do Templo defende que a Lei de Moisés, explicada segundo suas tradições, é imutável e eterna. Entretanto, os últimos, ou seja, os excluídos do Império e os esquecidos pela religião, são condenados a viver sem esperança. Pode-se introduzir alguma melhora na *pax romana*, pode-se cumprir de maneira mais escrupulosa a Lei de Moisés, mas nada decisivo muda para os pobres: o mundo não se torna mais humano. Nessa sociedade e a partir dessa religião não é possível imaginar um novo começo. A cultura dominante não permite novidade alguma. Não se sabe como nem de onde poderia brotar uma esperança para os pobres e para essa sociedade indiferente que os abandona à sua sorte.

O primeiro passo de Jesus é romper esse mundo fechado, introduzindo uma novidade. Com sua audácia desconhecida surpreende a todos, afirmando algo que nenhum profeta de Israel havia se atrevido a declarar: "Deus já está aqui com sua força criadora de justiça, tratando de abrir caminho entre nós para humanizar a história". Essa política imperial que não admite nenhuma crítica de fundo, essa religião segura de si mesma que nem sequer suspeita a interpelação de Deus a partir dos pobres, não respondem à verdade do Pai. O mundo querido por Deus vai muito além da tirania do Império e mais além do estabelecido pela religião do Templo.

4
A alternativa é possível

Jesus não deixou em herança propriamente uma doutrina religiosa da qual podem ser extraídos alguns princípios que se aplicam depois à vida por dedução. O que ele traz a partir de sua experiência profética é um horizonte novo para confrontar-nos com a história. Um novo paradigma para humanizar a vida. Um marco para construir um mundo mais digno, justo e feliz, a partir da confiança e da responsabilidade. Podemos dizer que Jesus irrompe na história como um chamado a viver de maneira alternativa experimentando Deus, mistério último da vida, como uma força que está nos atraindo para um mundo mais humano e feliz.

Sua mensagem não provém do interior do sistema imperial nem da instituição do Templo. Ao contrário, desmascara a iniquidade do Império e a ilusão de inocência do Templo, sacudindo a indiferença de muitos e redefinindo as expectativas de outros. O Evangelista Marcos assim resume sua mensagem nuclear: Caminhava pela Galileia proclamando a Boa notícia de Deus, isto é, falava de um Deus novo e bom. E vinha para dizer isto: "Cumpriu-se o tempo. O Reino de Deus está próximo. Convertei-vos e crede nesta Boa notícia"[4]. Começa então um tempo novo. Deus não quer deixar-nos sós diante de nossos conflitos, sofrimentos e desafios. Quer construir conosco e do nosso lado uma vida mais humana. Temos que mudar nosso modo de

---

4. Mc 1,15.

pensar e de agir. Temos que aprender a viver crendo nesta Boa notícia. O que Jesus chama "Reino de Deus" não é uma religião. É muito mais. Vai além das crenças, preceitos e ritos de qualquer religião. É uma experiência nova de Deus que ressitua tudo de maneira nova.

Está próximo o Reino de Deus. O mistério último da realidade, que os crentes chamam "Deus" e que os cristãos invocam como "Pai", é uma Presença próxima e amistosa que está buscando abrir seu caminho no mundo para humanizar a vida. O centro da experiência profética de Jesus não é ocupado propriamente por Deus, mas pelo "Reino de Deus e sua justiça". Jesus nunca separa Deus de seu projeto de transformar o mundo. É possível um mundo diferente, mais justo, mais humano e feliz, precisamente porque Deus o quer assim. Não é verdade que a história tenha que transcorrer de forma inexorável pelos caminhos de sofrimento e morte trazidos pelos poderosos. Temos que resistir ao discurso neoliberal que impera e que, repetido sempre de novo, faz a sociedade acabar acreditando que só se pode fazer o que se faz, matando pela raiz toda reação para buscar alternativas que nos conduzam a um futuro mais humano.

Convertei-vos, mudai de modo de pensar e de agir. Deus não pode mudar o mundo sem que nós mudemos. Sua vontade de mudar a história vai se tornando realidade em nossa resposta a seu projeto. Temos que despertar nossa responsabilidade. É possível dar uma nova direção às energias da humanidade, pois Deus, o mistério último da realidade, está nos atraindo para um mundo mais humano. O que se pede de nós é que sejamos protagonistas de uma história mais feliz: atrever-nos a pensar e a atuar fora do sistema para entrar na lógica e na dinâmica do Reino de Deus. Pede-se de nós uma nova obediência.

Não é fácil. Temos medo de perder bem-estar, parece-nos impossível viver sem acumular, vemos em perigo nossa segurança. Resistimos a pensar num mundo compartilhado. Não entra no nosso horizonte renunciar a um sistema de vida definido pela produção sem limites e à busca sem fim de nosso próprio bem-estar. Jesus propõe uma nova lógica: "Não andeis tão preocupados dizendo: 'O que vamos comer? O que vamos beber? Com que vamos nos vestir?'... Buscai em primeiro lugar o Reino de Deus e sua justiça e todas essas coisas vos serão dadas de acréscimo"[5]. Somos nós, seres humanos, que temos que mudar a trajetória da história. A ciência não tem consciência; a economia carece de compaixão; os dogmas do capitalismo neoliberal são desumanos. Acolher o Reino de Deus é dar passos para uma convivência mundial mais humana.

5. Mt 6,31-33.

Crede nesta Boa notícia. Temos que levar a sério esta Boa notícia que nos vem de fora do sistema e crer no poder transformador do ser humano atraído por Deus para uma vida mais digna. É possível introduzir no mundo uma esperança que não se deduz do sistema que nos mantém aprisionados. Não estamos sós. Deus está sustentando também hoje o clamor dos que sofrem e a indignação dos que reclamam justiça. Precisamos de profetas do Reino, homens e mulheres indignados, sentinelas vigilantes, colaboradores incansáveis do Reino de Deus, para escrever um relato novo da história, animados pela confiança em Deus e a fé no ser humano.

O que temos de escutar primeiro de Jesus nesta crise e nas que podem sobrevir é seu chamado a recuperar o projeto do Reino de Deus. Esta crise está nos convidando a atuar no mundo, não como uma religião convencional, mas antes de tudo como o movimento profético de Jesus, comprometidos em contribuir para a construção de um mundo mais humano, abrindo caminhos ao Reino de Deus e sua justiça.

5

Não podeis servir a Deus e ao Dinheiro

O Dinheiro, convertido em ídolo absoluto, é para Jesus o grande inimigo do projeto humanizador de Deus. Daí seu grito provocativo: "Não podeis servir a Deus e ao Dinheiro"[6]. A lógica de Jesus é contundente. Deus não pode ser Pai de todos sem reclamar justiça para aqueles que são excluídos de uma vida digna. Por isso não podem servi-lo aque-

---

6. Lc 16,13; Mt 6,24. Cf. GONZÁLEZ FAUS, J.I. *Otro mundo es posible... desde Jesús*. Santander: Sal Terrae, 2010, p. 65-107.

les que, dominados pelo Dinheiro, afundam injustamente seus filhos e filhas na miséria e na fome.

Jesus está falando dos círculos herodianos e dos poderosos proprietários de terras de Séforis e Tiberíades, e das grandes famílias sacerdotais do bairro residencial de Jerusalém. Ele vê no Dinheiro um ídolo monstruoso que ele chama *Mammona* (da raiz aramaica *'aman* "confiar", "apoiar-se"). Parece que se chamava *mammona* - dinheiro que dá segurança - ao tesouro de moedas de ouro e prata acumuladas pelos ricos para proporcionar-lhes segurança, poder e honra. Era impossível entesourar *mammona* nas aldeias da Galileia, onde só alguns podiam fazer-se com moedas de bronze e cobre, de escasso valor, e onde a maioria subsistia intercambiando seus produtos do campo.

5.1 A ânsia de acumular

Impulsionado pela ideologia neoliberal, o Dinheiro converteu-se no nosso mundo globalizado num ídolo de imenso poder que, para subsistir, exige cada vez mais vítimas e desumaniza cada vez mais aqueles que lhe rendem culto. Jesus já chamava de "néscio" o rico da parábola que constrói celeiros cada vez maiores para armazenar sua colheita, pensando só em seu bem-estar, quando nem sequer pode assegurar sua saúde e sua vida mortal[7]. Assim é irracional a lógica imposta pelo capitalismo liberal: empurra os povos a acumular insaciavelmente bem-estar, mas o faz, por um lado, gerando fome, pobreza e morte; e, por outro, desumanizando cada vez mais a todos nós. Este sistema nos fez escravos da ânsia de acumular. A história se organiza, se move e dinamiza a partir dessa lógica. Tudo é pouco para sentir-nos satisfeitos.

---

7. Lc 12,16-21.

Necessitamos de mais produtividade, mais consumo, mais bem-estar, mais petróleo, mais tecnologia, mais poder sobre os demais. Já o dizia Jesus: "Guardai-vos da cobiça, porque, mesmo que alguém viva na abundância, sua vida não está assegurada pelos bens que tem"[8]. Aí está o perigo mortal: o desejo insaciável de bem-estar tende a submeter tudo a seu controle. Sua lógica é imperialista. Os grandes poderes financeiros sempre sentem necessidade de mais e se acham com direito de tê-lo. Riscam do horizonte todos os outros direitos. Tudo fica sujeito à produção de mais riqueza para os mais poderosos.

5.2 A abolição do ser humano

Jesus fala do Dinheiro com uma linguagem dura. Chama-o de "dinheiro injusto",

8. Lc 12,15.

"riqueza de iniquidade"[9], não só porque foi obtido de maneira injusta, mas sobretudo porque gera uma sociedade injusta e inumana. Sempre foi assim, também hoje.

O império do Dinheiro provoca uma fratura na comunidade mundial, concentrando o poder em uns poucos. Não pensa no bem comum da humanidade. Cresce como um sistema fechado em seu próprio benefício, que gera pobreza e fome de grandes populações no interior de seu poderoso império global, enquanto continua impulsionando um modo de produção que coloca em perigo o futuro do ser humano na Terra.

A crise atual está pondo a descoberto a periculosidade mortal deste sistema econômico-financeiro. Os mercados não só se converteram em centros de poder cada vez mais alheios ao bem comum das comunidades

---

9. Lc 16,9-11.

políticas, mas estão destruindo as instituições democráticas representativas dos povos. Os governos e parlamentos promovem leis e põem em marcha estratégias submetendo-se às pressões dos grupos financeiros, não respondendo às necessidades reais da sociedade.

Um pensador tão pouco suspeito de veleidades como Rafael Argullol descreveu a iniquidade do ideal financeiro dizendo que "deseja ardentemente a pureza absoluta do lucro sem ataduras de nenhum tipo: sem uma empresa repleta de inúteis trabalhadores, sem pátria que reclame bondades nacionais, sem religião que apele para comunhões inúteis, sem moral que proclame tresnoitados imperativos"[10]. Este ideal do "lucro puro" exclui qualquer atenção ao fator humano. No mundo financeiro dos grandes números, os seres humanos, com seus dramas, seus medos

---

10. ARGULLOL, R. "El molesto factor humano". *El País*, 17/12/2011, p. 40.

e aspirações, desaparecem substituídos pelas cifras. O ser humano fica sujeito ao poder irracional do Dinheiro.

5.3 Não dar a César o que é de Deus

"Dai a César o que é de César e a Deus o que é de Deus"[11]. Poucas palavras de Jesus foram mais distorcidas que estas, desde interesses muito alheios àquele Profeta que vivia totalmente dedicado não precisamente ao César de Roma, mas aos empobrecidos e excluídos do Império. Em nenhum momento Jesus está pensando em Deus e em César como dois poderes que podem exigir, cada um deles, no mesmo nível, seus próprios direitos a seus súditos.

A reação de Jesus esclarece muito sua resposta. Quando lhe propuseram a questão dos

---

11. Mc 12,17; Mt 22,21; Lc 20,25.

tributos, ele pede que lhe mostrem “a moeda do imposto”. Os fariseus e os partidários de Herodes Antipas que os acompanhavam vivem escravos do sistema imperial, pois, ao utilizar aquela moeda cunhada com a imagem de Tibério, estão reconhecendo a soberania do imperador. Não é o caso de Jesus. Ele não tem terras, não possui denários de prata, vive de maneira pobre e livre. Não tem problemas com os cobradores de impostos. Sua resposta provém de fora do sistema, de um Profeta que vive buscando o Reino de Deus e sua justiça.

“Dai a César o que é de César, mas não deis o que é de Deus”. O que pode pertencer a César que não seja de Deus? Talvez seu dinheiro injusto. Mas não deis a nenhum César o que é de Deus: seus pobres. Jesus o proclamou repetidamente: os pequenos são os prediletos do Pai; aos pobres pertence o Reino de Deus. Não se deve sacrificar a vida e a dignidade dos indefesos a nenhum poder político, financeiro, econômico ou religioso. Os humilhados pelos poderosos são de Deus, de ninguém mais. Que nenhum poder abuse deles. Que nenhum César conte conosco.

Nestes momentos, o sistema financeiro é, sem dúvida, o poder que sacrifica mais vidas e causa mais sofrimento, fome e destruição humana que qualquer outro poder. Em parte alguma aparece com tanta crueza o caráter desumano do império do Dinheiro. O pensador e sociólogo Zigmunt Bauman descreve os mercados financeiros como "grupos anônimos abstratos, com muito poder, impossíveis de situar, fora do alcance das instituições públicas e dos políticos que perderam seu controle"[12]. De seu imenso império, os grupos financeiros de maior poder, as grandes corporações e as multinacionais mais poderosas foram conquistando os mercados

12. Publicado no *Diário Vasco*, 08/06/2012.

do planeta impondo leis e práticas, de costas para qualquer proposta que se preocupe com as vítimas. O sistema financeiro converteu-se, assim, num espaço de poder que, a partir da lógica do lucro máximo, fez desaparecer leis e mecanismos, deixando sem proteção os países e populações mais fracos.

A dura experiência de nossa própria crise não nos há de fazer perder de vista a raiz da crise global. É uma ilusão pensar que estamos saindo da crise, se não se regula a atual dinâmica financeira, desvinculada das necessidades dos povos e do bem comum da comunidade humana; se não se acaba com os paraísos fiscais, elemento consubstancial da especulação financeira que domina a economia mundial[13], se não se estabelece uma política de impostos às finanças internacionais

---

13. Dados sobre os paraísos fiscais estão disponíveis em TORRES LÓPEZ, J. *Contra la crisis, otra economía y otro modo de vivir*. Madri: Hoac, 2011, p. 27s.

para uma retribuição mais justa da riqueza; se não se luta eficazmente contra a impunidade e a opacidade das especulações... Temos que tomar consciência de que o império do capitalismo neoliberal é hoje o poder que mais radicalmente se enfrenta com o Reino de Deus. Seria pecar contra o projeto de Jesus encerrar-nos na bolha de nossa crise e assistir passivamente o sacrifício de imensas maiorias ao ídolo da Riqueza. Este é o marco concreto no qual teremos que nos situar a partir do movimento profético de Jesus para trabalhar hoje abrindo caminhos ao Reino de Deus e sua justiça.

6
Sede compassivos como vosso Pai é compassivo

Chegou o momento de recuperar a compaixão como a herança decisiva que Jesus deixou para a humanidade, a força que há de impregnar o caminhar do mundo, o princípio de ação que há de mover a história para um futuro mais humano.

6.1 A herança de Jesus

A força de Deus, que está nos atraindo para um mundo mais humano, não é uma força cega. Jesus capta e vive a realidade insondável de Deus como um mistério de compaixão. O que define Deus não é o poder, mas suas entranhas maternais de Pai. A compaixão é o modo de ser de Deus, sua maneira de olhar o mundo e de reagir diante de suas criaturas. É esta a experiência de Deus que Jesus comunica em suas parábolas mais comovedoras[14], e que inspira toda sua trajetória profética. Jesus não pode experimentar Deus acima ou à margem da história humana do sofrimento.

É precisamente esta compaixão de Deus que atrai Jesus para as vítimas inocentes: os maltratados pela vida ou pelas injustiças dos poderosos. É a compaixão de Deus que faz Jesus tão sensível ao sofrimento e à humilhação das pessoas. Sua paixão pelo Deus da

---

14. Cf. a parábola do bom pai (Lc 15,11-32), a do dono da vinha (Mt 20,1-15) e a do fariseu e do cobrador de impostos que subiram ao Templo para orar (Lc 18,9-14).

compaixão se traduz em compaixão pelo ser humano. O Deus do Templo, o Deus da lei e da ordem, o Deus do culto e do sábado, não teria podido gerar a atividade profética de Jesus como curador e defensor dos últimos.

Temos que recuperar no cristianismo um dado de suma importância. O primeiro olhar de Jesus não se dirige ao pecado do ser humano, mas ao seu sofrimento. O contraste entre Jesus e o Profeta João o Batista é esclarecedor. Toda atividade do Batista gira em torno do pecado: ele denuncia os pecados do povo, chama os pecadores à penitência e oferece aos que acorrem ao Jordão um batismo de conversão e de perdão. O Batista não se aproxima dos enfermos, nem toca a pele dos leprosos, não abraça as crianças da rua, não se senta para comer com pecadores, excluídos e pessoas indesejáveis. O Batista não se aproxima do sofrimento das pessoas, não se dedica a fazer a vida mais humana. Não sai de sua missão estritamente religiosa. Para

Jesus, ao contrário, a primeira preocupação é o sofrimento das pessoas enfermas e desnutridas da Galileia, a defesa dos camponeses explorados pelos poderosos latifundiários, ou a acolhida a pecadores e prostitutas, excluídos pela religião. Para Jesus, o grande pecado contra o projeto de Deus consiste sobretudo em resistirmos a tomar parte no sofrimento dos outros encerrando-nos em nosso próprio bem-estar.

A partir de sua experiência radical da compaixão de Deus, Jesus introduz na história um princípio decisivo de ação: "Sede compassivos como vosso Pai é compassivo"[15]. É a compaixão ativa e solidária que há de conduzir-nos para esse mundo mais digno e feliz querido por Deus para todos. Por isso, a compaixão não é uma virtude a mais, mas o úni-

---

15. Lc 6,36. Provavelmente, Jesus propõe o "princípio de compaixão" diante do "princípio de santidade" que regia a espiritualidade de Israel": "Sede santos porque eu, o Senhor, vosso Deus, sou santo" (Lv 19,2).

co caminho para reagir diante do clamor dos que sofrem, e para construir um mundo mais humano. Esta é a herança de Jesus a toda a humanidade.

6.2 A compaixão como princípio de atuação política

Antes de tudo, é preciso resgatar a compaixão como princípio de atuação, libertando-a de uma concepção sentimental e moralizante que a fez desaparecer praticamente da práxis política. De ordinário, a compaixão que reclama justiça para erradicar as causas que geram sofrimento é exatamente o que não é permitido pelos centros do poder. Tudo funciona como se não houvesse dores nem prantos de nenhum tipo. A partir do poder, tudo se leva em conta, menos o sofrimento das vítimas. Só se tolera a compaixão enquanto ela se reduz a "obras de misericórdia" ou assistência caritativa, não quando ela é elevada a princípio de atuação política para erradicar o sofrimento.

Mas é precisamente isto que Jesus está reclamando quando nos pede que "sejamos compassivos como o Pai". Em sua mensagem e sua atuação profética pode-se escutar este grito de indignação absoluta: o sofrimento dos inocentes deve ser tomado a sério; não pode ser aceito como algo normal, pois é inaceitável para Deus. A compaixão que Jesus introduz na história reclama uma maneira nova de relacionar-nos com o sofrimento que há no mundo. Além de apelos morais ou religiosos, Jesus está exigindo que a compaixão penetre mais e mais nos fundamentos da convivência humana, para resgatar os perdedores e excluídos do desespero e do esquecimento.

Esta compaixão não brota na consciência humana da atenção à lei ou do respeito aos direitos humanos. Desperta a partir de uma percepção atenta e comprometida do sofrimento dos seres humanos e de uma disposição para olhar-nos a nós mesmos com os olhos daqueles que sofrem nossa injustiça ou nosso abandono. Este olhar é, provavelmente, o único que pode libertar-nos de ideologias que bloqueiam nossa compaixão e de marcos morais e religiosos que nos permitem viver com a consciência tranquila. Só a atenção vigilante ao sofrimento das vítimas pode arrancar-nos da indiferença e do autoengano.

6.3 A autoridade dos que sofrem

Uma das páginas mais conhecidas do Evangelho é o relato do "juízo das nações". Ali estão pessoas de todas as raças e povos, de todas as culturas e religiões, gerações de todos os tempos. Chega o momento de ouvir o veredicto final sobre a história humana, a palavra que vai esclarecer tudo. O que vai decidir a sorte final não é a religião em que se viveu, nem a fé que se pôde confessar, nem o agnosticismo que se pôde defender.

O decisivo é a ajuda prática e solidária aos que sofrem. O que fizemos a pessoas famintas, a imigrantes indefesos, a enfermos desvalidos, a encarcerados esquecidos de todos, tem um valor absoluto, se o estamos fazendo ao próprio Deus, chega até o Mistério último da realidade que nós crentes chamamos Deus[16].

A "autoridade dos que sofrem" é a única instância diante da qual Jesus colocou a humanidade inteira[17]. A realidade dos que sofrem injustamente no mundo é o dado prévio a tudo, a primeira verdade exigível de todos. Ninguém pode discuti-la. Ainda que pareça uma autoridade moral "frágil", temos que in-

---

16. Mt 25,31-46.

17. Cf. METZ, J.B. *Memoria passionis* – Una evocación provocadora en una sociedad pluralista. Santander: Sal Terrae, 2007, p. 164-178.

vocá-la e proclamá-la, pois é a única autoridade universal nestes momentos em que não há uma autoridade política mundial para buscar o bem comum da comunidade humana, nem um consenso ético mínimo para orientar nosso mundo globalizado para um futuro mais humano. Toda ética deve levá-la em conta, se não quiser converter-se em "ética de tolerância" do inumano. Toda religião deve reconhecê-la se não quiser ser negação do mais sagrado. Toda política deve tomá-la em conta se não quiser ser cúmplice de crimes contra a humanidade.

Esse sofrimento injusto dos últimos do planeta nos ajuda a conhecer a realidade do mundo que estamos construindo. Não se conhece o mundo a partir de seus centros de poder, mas a partir dessas massas sem nome nem rosto dos excluídos, os únicos para os quais, paradoxalmente, não há um lugar em nosso mundo globalizado. São nossas vítimas que nos ajudam a conhecer o que somos. Ninguém pode interpelar-nos com mais força. Ninguém tem mais poder para arrancar-nos de nossa cegueira e indiferença. Ninguém tem mais autoridade para exigir de nós mudança e conversão. Como diz Jon Sobrino, "as vítimas têm um potencial para salvar a história e a humanidade, e, em parte, esse seu potencial é insubstituível"[18].

---

18. SOBRINO, J. *El evangelio de Jesús frente a la lógica del capital y de los imperios.* Madri: Nueva Utopía, 2011, p. 208-209.

7
Os últimos serão os primeiros

Essas palavras estão resumidas num dito de Jesus que circulou pelas comunidades cristãs com diferentes matizes, e que fala da grande inversão ou virada que se dará no final dos tempos, quando muitos que agora são tidos por "primeiros" serão então "últimos", e muitos que agora são tidos por "últimos" serão então "primeiros"[19].

---

19. Esse dito aparece com pequenas alterações em Mc 10,31; Mt 19,30; 20,16; Lc 13,30.

7.1 Humanizar o mundo a começar pelos últimos

Podemos dizer que a primazia dos últimos inspirou sempre a atividade profética de Jesus. Para ele, os últimos são os primeiros. Ser compassivo como o Pai exige que se busque a justiça de Deus, a começar pelos últimos. O caminho para um mundo mais digno e feliz para todos começa a ser construído a partir deles. Esta primazia é absoluta. Deus a quer. Não deve ser menosprezada por nenhuma política, ideologia ou religião.

Por isso, vemos Jesus junto aos mais necessitados: não com os ricos proprietários de terras de Séforis, nem com as poderosas famílias herodianas de Tiberíades, mas com os camponeses pobres das aldeias da Galileia; não rodeado de gente sadia e forte, mas junto dos enfermos, leprosos e pessoas desprezíveis; não comendo só entre amigos, mas sentado à mesa com pessoas indesejáveis, social e religiosamente marginalizadas. Os primeiros a experimentar essa vida mais digna e liberta que Deus quer para todos devem ser aqueles para os quais a vida não é vida.

O Espírito de Deus empurra Jesus para os últimos. Lucas captou isso muito bem quando o apresenta na sinagoga de Nazaré aplicando a si mesmo estas palavras do profeta Isaías: "O Espírito do Senhor está sobre mim, porque me ungiu. Enviou-me para anunciar aos pobres a Boa notícia, para proclamar a libertação dos cativos e dar a vista aos cegos, para libertar os oprimidos e proclamar um ano de graça do Senhor"[20]. Fala-se aqui de quatro grupos de pessoas: os "pobres", os "cativos", os "cegos" e os "oprimidos". Eles resumem e simbolizam a primeira preocupação de Jesus: os que ele leva mais especialmente

20. Lc 4,16-22. Essa cena é provavelmente uma composição do evangelista, mas resume bem a experiência profética de Jesus e seu programa de impulsionar o Reino de Deus entre os últimos.

em seu coração de profeta. Nós falamos de "democracia", "direitos humanos", "progresso", "Estado do bem-estar"... Jesus sugere começar por resgatar a vida dos últimos, tornando-a mais sadia, liberta e digna.

Jesus fala uma linguagem provocante, original e inconfundível: as bem-aventuranças. Quer que todos tenham sempre diante de seus olhos os últimos como os prediletos de Deus. São gritos que saem do mais profundo de seu ser ao olhar a realidade a partir da compaixão de Deus. Ele vê como as famílias das aldeias vão ficando sem terras por não poderem defender-se dos latifundiários que as pressionam para cobrar suas dívidas, e grita: "Felizes sois vós que estais ficando sem nada [*ptojoi*], porque vosso é o Reino de Deus". Observa de perto a desnutrição e a fome, sobretudo das crianças e das mulheres, e não pode reprimir sua reação: "Felizes sois vós que agora tendes fome, porque Deus vos quer ver saciados". Vê os camponeses chorando de raiva e impotência quando os cobradores levam o melhor de suas colheitas, e grita: "Felizes sois vós que agora chorais, porque Deus vos quer ver rindo"[21].

Como pode ele falar assim? Não é tudo uma burla? Não é cinismo? Jesus é realista. Tudo isto não significa, agora mesmo, o final da fome e da miséria, mas sim uma dignidade indestrutível para todas as vítimas de abusos e atropelos. São os prediletos de Deus. E isto dá à sua dignidade uma seriedade absoluta. Os que não interessam a ninguém são os que mais interessam a Deus. Os que sobram nos impérios que os homens constroem têm um lugar privilegiado em seu coração. Os que não têm uma religião que os defenda, têm a Deus como Pai.

Nunca em lugar nenhum se está construindo a vida assim como Deus a quer, se não for libertando estes homens e mulheres

21. Lc 6,20-21.

de sua miséria e humilhação. Nunca religião alguma será abençoada por Deus, se ela vive de costas para eles. Isto é acolher o projeto de Deus: pôr as religiões e as culturas, os povos e as políticas olhando para a dignidade e a libertação dos últimos.

7.2 A luta contra o esquecimento das vítimas

A Igreja, marcada pelo chamado de Jesus à compaixão, começou como um movimento sensível ao sofrimento que dilacera os seres humanos. Daí essa entrega admirável e até heroica, ao longo dos séculos, de tantas instituições, associações e pessoas, ao cuidado e ao serviço de enfermos, empestados, leprosos, escravos, famintos, órfãos, prostitutas, refugiados, vítimas de mil guerras...[22] Na Igreja nunca

---

22. LABOA, J.M. *Por sus frutos los conoceréis*. Madri: San Pablo, 2012.

se apagou a compaixão. Mas não se conseguiu introduzir no mundo o princípio da compaixão como a grande herança de Jesus. Em boa parte porque, como denunciou J.B. Metz, "a doutrina cristã da redenção dramatizou excessivamente a questão da culpa e relativizou a questão do sofrimento... De ser uma religião sensível ao sofrimento, foi passando a ser uma religião sensível ao pecado. O primeiro olhar deixou de dirigir-se para o sofrimento da criatura e centrou-se na culpa"[23].

Ser compassivos como o Pai exige lutar contra o esquecimento das vítimas inocentes. Não é possível introduzir no mundo uma cultura da compaixão, a não ser reagindo contra a cultura da amnésia e do esquecimento cruel dos milhões de seres humanos que sofrem, vítimas do sistema que hoje dirige a história. Não podemos permitir-nos fazer desse imen-

23. METZ, J.B. *Memoria passionis*... Op. cit., p. 165-166.

so sofrimento um dado insignificante que dificilmente tem algo a ver conosco.

Temos que resistir a continuar desfrutando de um bem-estar vazio de compaixão. Rebelar-nos contra esse isolamento mental que nos leva a deslocar a miséria e a fome que existe no mundo para um longínquo abstrato, no qual desaparece todo clamor, gemido ou pranto. Não nos é permitido continuar vivendo como espectadores desse enorme sofrimento: observadores passivos da fome e da desnutrição dos povos excluídos.

Não é lícito encerrar-nos na "sociedade do bem-estar", ignorando essa outra "sociedade do mal-estar" na qual milhões de seres humanos nascem para extinguir-se aos cinco ou seis anos de uma vida que só tem sido morte. Não é lícito instalar-nos na segurança esquecendo aqueles que só conhecem uma vida insegura e ameaçada. De sua tragédia temos que aprender a olhar a nós mesmos como seres ridículos que vivem na abundância, ensimesmados na autocompaixão.

Este esquecimento do sofrimento no mundo alimenta-se de uma secreta ilusão de inocência que se foi propagando nas sociedades modernas do bem-estar. Uma ilusão que nos permite fugir de nossa responsabilidade, deixando que o mundo siga seu caminho, dirigido por uma espécie de força anônima sem sujeito humano. Pensamos ingenuamente que o tempo se encarregará de resolver a sem-razão da história humana.

Nas sociedades leigas, nas quais Deus vai morrendo socialmente, estão crescendo inquietantes mecanismos de exculpação que nos permitem atribuir os êxitos e lucros positivos do progresso, enquanto debitamos o lado escuro, inumano e catastrófico, a fatores de diversa ordem que não dependem de nós. Ao não reconhecer nossa culpa, estamos dissolvendo, sem dar-nos conta, a dignidade do ser humano, capaz de liberdade e de responsabilidade, anulando-o como sujeito da história.

Por outro lado, no âmbito da religião cristã, a ilusão de inocência se alimenta evitando expor-nos ao olhar do Deus da compaixão anunciado por Jesus, e buscando consolo em ideias e práticas religiosas alheias à história do sofrimento humano. Conseguimos adorar o Crucificado de maneira que nos oculte os crucificados de hoje. Porém, uma Igreja que desenvolve a memória de Jesus Cristo ignorando as vítimas não é fiel a seu Espírito. Uma pregação que anuncia um Deus de costas para o sofrimento da humanidade não é cristã. Tem razão J.B. Metz quando, em diversos momentos, denunciou que na espiritualidade cristã há cantos demais e poucos gritos de indignação, demasiada complacência e pouca nostalgia de um mundo mais humano, demasiado consolo e pouca fome de justiça.

7.3 A partir do sofrimento dos últimos contra o império do Dinheiro

O sistema econômico-financeiro que hoje domina o mundo procura ocultar a todo custo o sofrimento gerado por ele, relegando ao silêncio os gritos das vítimas. Mas esses gritos devem ser acolhidos, pois estão proclamando que esse sistema é um enorme fracasso humano. O sofrimento das vítimas deslegitima pela raiz o império do Dinheiro. E não só isso. Esse sofrimento injusto coloca em questão qualquer política ou ideologia, qualquer religião ou espiritualidade que se desentenda dele ou o trivialize.

Estudar as consequências humanas das decisões, analisá-las e levá-las em conta é condição necessária para qualquer política verdadeiramente humana. Se o poder político se desentende do sofrimento das vítimas, sempre acabará dobrando-se às leis do mercado, ao modelo de produção e consumo sem limites e à competitividade total. A política mundial será cada vez mais refém do poder financeiro e de suas exigências. Deixaremos o mundo globalizado nas mãos de um sistema cego, anônimo e irresponsável que seguirá desumanizando a todos nós. A compaixão política não é só um apelo de Jesus ou um imperativo ético. É uma necessidade urgente para salvar hoje o ser humano.

Mais além da lógica das relações de puro intercâmbio e competitividade, a atenção mais elementar aos que sofrem está exigindo que se reconheça praticamente a desigualdade e a assimetria daqueles que concorrem a partir do poderio econômico, ou a partir das necessidades mais básicas. Só a partir da preocupação pelos indefesos pode-se desmontar o cinismo desse mercado chamado livre, pois não há nada mais injusto e mais privado de equidade do que tratar de modo igual aqueles que são tão desiguais. Só o reconhecimento e a atenção às vítimas pode provocar uma reação que busque ordenar o mundo não a partir de uma economia de poder que exclui, ignora e destrói os fracos, mas a partir de uma economia mais solidária de progressiva cooperação.

No entanto, a partir das sociedades da abundância não podemos desmascarar toda essa desumanidade sem reconhecer nossa cumplicidade. Por que hão de continuar morrendo de fome milhões de seres humanos, se Deus colocou em nossas mãos uma Terra em que há recursos suficientes para todos? Por que temos de ser competitivos antes de sermos humanos? Por que deve ser o poder do mais forte, e não a compaixão, que deve reger as relações entre os povos? Por que temos de aceitar como algo lógico e inevitável um sistema desumano que, para assegurar nosso maior bem-estar de privilegiados, produz tanto sofrimento, morte e destruição? Por que temos de continuar alimentando o consumo e a produção sem limites, gerando em nós uma espiral insaciável e infantil de necessidades supérfluas que nos esvaziam de sensibilidade humana?

Mas é necessário algo mais do que uma reação individual dos setores mais conscientizados. Começam a ser ouvidas vozes às quais devemos estar atentos. Por que a preocupação com o sofrimento dos inocentes não pode levar as grandes religiões - o budismo, o cristianismo ou o islã - a uma coalizão de resistência contra o sofrimento injusto e a uma práxis de responsabilidade comum para promover a compaixão social e política no mundo inteiro? Por que a Igreja de Jesus não pode arriscar-se a pôr-se à disposição da humanidade sofredora, recuperando sua identidade de Igreja da compaixão e gastando suas melhores energias em alentar a luta contra as causas do sofrimento injusto? Por que a sociedade leiga não pode se aprofundar na intenção de fundo de todo progresso, que não é outra senão lutar por um ser humano mais liberto, recolhendo a resistência ao sofrimento dos inocentes acumulada nas diferentes culturas e promovendo a compaixão ativa e solidária entre os povos da Terra?

8

Seguir a Jesus no meio da crise

A crise pode ser um tempo de graça e conversão para os seguidores de Jesus. Ela vai ser longa e dura. Junto com gestos admiráveis de solidariedade, é previsível o crescimento do egoísmo (salve-se quem puder). É provável que cresçam os sentimentos de raiva, impotência e desesperança. Será um tempo de prova e também de crescimento. Nos próximos anos poderemos comprometer-nos a buscar de maneira mais prática caminhos ao Reino de Deus e sua justiça, seguindo a Jesus de maneira mais pobre e livre, vivendo a partir de uma compaixão mais solidária, ficando junto aos últimos com mais verdade e realismo. Assinalo brevemente algumas sugestões.

8.1 Não serviremos ao Dinheiro

Para mover-nos profeticamente no meio da crise, animados pelo Espírito de Jesus, temos de cuidar e reforçar uma primeira atitude básica e indispensável: "Não serviremos ao Dinheiro". Abandonar a idolatria do Dinheiro não é fácil, pois ela está ligada a pulsões profundas de autoproteção, busca de segurança e bem-estar. É um ídolo fortemente interiorizado na sociedade e na Igreja, em nossas famílias e nossas vidas.

Não basta viver a crise a golpes de impulsos de generosidade. Temos de acostumar-nos pouco a pouco a uma vida mais sóbria para compartilhar mais o que temos simplesmente não nos faz falta. Aprender a "empobrecer" renunciando ao nosso nível atual de bem-estar para limitar de forma consciente e voluntária o desfrute de nossos recursos e poder assim orientá-los para os necessitados.

Segundo a versão de Mateus, Jesus declara bem-aventurados "os pobres de espírito, porque deles é o Reino dos Céus". São provavelmente os "pobres *pelo* espírito", isto é, os que, movidos pelo Espírito, optam por ser pobres e vivem amando, servindo e defendendo os pobres[24].

Se nos deixarmos interpelar pelos que sofrem duramente a crise, descobriremos que também a nós, como ao jovem rico do Evangelho, "falta-nos alguma coisa" para seguir a Jesus: libertar-nos do poder do Dinheiro para

---

24. Mt 5,3. A *Nueva Biblia Española* traduz assim: "Felizes os que escolhem ser pobres".

estar de verdade junto com os pobres[25]. O dinheiro, inventado para tornar mais fácil o intercâmbio de bens, deve ser empregado, segundo Jesus, para facilitar a redistribuição, a solidariedade e a justiça fraterna. Só então o discípulo começa a estar em condições de seguir a Jesus. Temos que revisar nossa relação com o dinheiro: O que fazer com o nosso dinheiro? Para que poupar? Em que investir? Com quem compartilhá-lo? Temos que dar passos eficazes para um consumo responsável, menos compulsivo e supérfluo: o que compramos? Onde compramos? Para que compramos? Temos que redefinir o bem-estar que queremos desfrutar e defender: que bem-estar? Para quem? Com que custos humanos? Com que vítimas? Luis González-Carvajal particulariza com palavras simples o critério cristão que deve orientar-nos: "Aspirar a ter todo o necessário para a vida; algo, não tudo, o que em nossa cultura e condição

---

25. Mc 10,17-22.

se considera necessário para levar uma vida digna; e, portanto, não desejar ter nem uma só coisa supérflua"[26].

Só a partir desta atitude de conversão pessoal poderemos trabalhar com verdade e coerência para abrir caminhos ao Reino de Deus e sua justiça; poderemos fazer de nossas comunidades cristãs um lugar de conscientização, denúncia e solidariedade; e poderemos arrastar a Igreja, com nossa palavra e nossa vida, para que encontre seu lugar social junto às vítimas da crise. Jesus não estaria hoje em outro lugar. Não miraria a outra parte.

---

26. GONZÁLEZ-CARVAJAL, L. *El clamor de los excluidos* – Reflexiones cristianas ineludibles sobre los ricos y pobres. Santander: Sal Terrae, 2009, p. 93-115. Só a partir desta renúncia podemos dar passos para a "sobriedade compartilhada" de que fala J.I. González Faus, ou, segundo a formulação provocativa de I. Ellacuría, a "civilização da pobreza", isto é, uma civilização construída a partir da ótica das necessidades dos últimos da Terra.

8.2 Introduziremos compaixão

A crise está sendo administrada entre nós com autoridade despótica. Sem nenhuma explicação à sociedade, os administradores vão decretando medidas opressoras que estão provocando nos setores mais fracos empobrecimento severo, exclusão e desamparo social. O lema do governo é contundente: "Sabemos o que devemos fazer e o faremos". Não há alternativa. Não se atenderá nenhuma razão que não seja cumprir os objetivos econômicos que nos ditam do Banco Central Europeu, da Comissão Europeia ou do Fundo Monetário Internacional. As decisões permanecem em mãos dos tecnocratas. O decisivo é cumprir as exigências do sistema financeiro internacional. A atividade política que deveria defender os direitos das pessoas e o bem da sociedade dilui-se, convertendo-se em instrumento dos poderosos do Dinheiro.

Não se diz que, toda vez que se decreta um corte, milhares de pessoas caem no risco de exclusão social. Oculta-se que se está transferindo para o banco dinheiro imprescindível para as necessidades mais básicas de famílias que ficam sem recursos. Tudo se faz com a justificativa de que não há mais remédio. É desalentador escutar do maior responsável do governo estas palavras: "Não dispomos de mais lei nem de mais critério que o que a necessidade impõe".

É simplesmente falso este tipo de afirmação de caráter amoral e fatalista. Será que, para sair da crise, é necessário reduzir os fundos destinados a atender os dependentes até deixar praticamente derrogada a Lei de Dependência? Será que era necessário condenar 153.000 imigrantes em situação irregular a ficar privados de assistência sanitária? Era necessária esta "regulação fiscal" que pressiona fortemente os assalariados, não toca nas grandes fortunas e oferece uma anistia aos defraudadores? Tudo isto não é sintoma de uma gestão da crise vazia de sensibilidade para com o sofrimento das vítimas mais fracas e sinal de uma falta alarmante de equidade?

A partir do movimento profético de Jesus temos que injetar compaixão na crise. As tarefas podem ser diferentes e complementares. Só duas observações: em primeiro lugar, temos que dar rosto às vítimas, descobrir os dramas familiares, narrar a história dos que sofrem... A sociedade deve conhecer em toda sua crueza o sofrimento que está sendo gerado de maneira injusta. Em segundo lugar, a partir da Igreja temos que denunciar a falta de compaixão na gestão da crise. Os que sofrem não estão esperando "doutrina social". A hierarquia deve atuar como sentinela, sensível ao sofrimento dos indefesos, para sair instintivamente em sua defesa. Ela deve falar em nome dos que sofrem, mas, para isto, tem que conhecê-los de perto, amá-los e levá-los em seu coração.

8.3 Buscaremos nosso lugar junto aos últimos

Sebastián Mora, secretário-geral da Cáritas, ao apresentar o último informe da situação elaborado por Foessa, faz este resumo surpreendente: "A pobreza na Espanha tornou-se mais extensa, mais intensa e mais crônica".

Mais *extensa*, porque está aumentando o número de pessoas e lares que vivem abaixo da linha da pobreza (de 19,7% em 2007 a 23,4% em 2012). A pobreza está alcançando pessoas que há uns anos se sentiam seguras e hoje recorrem à Cáritas, a refeitórios sociais e outros serviços. Esta pobreza vem acompanhada pelo desconcerto, o medo, a vergonha e o trauma psicológico.

Mais *intensa*, porque os pobres são mais pobres. Na Espanha está crescendo, como em nenhum outro país da Europa, a desigualdade entre ricos e pobres (a distância entre a renda dos 20% mais ricos da população e os 20% mais pobres passou de um valor de 5,3 em 2007 a outro de 6,9 no final de 2010). Mais de 30.000 pessoas vivem sem lar e 273.000 em infravivendas; em 2011 foram executados 58.241 expedientes de despejo[27].

É mais *crônica,* pois não estamos diante de um fenômeno transitório. As perspectivas de encontrar emprego, a curto ou médio prazo, são quase nulas. Segue crescendo o número de lares sem nenhuma renda. Os desempregados de longa duração estão perdendo o subsídio de desemprego. As ajudas sociais e o apoio do círculo familiar acabam esgotando-se.

Essas coletividades compõem hoje o setor mais desmoralizado de nossa sociedade. Não têm perspectiva de futuro nem motivação.

---

27. Estudio de la Red Europea de Lucha contra la Pobreza (dados recolhidos em *Alandar*, 288, maio/2012).

Intuem que seu futuro imediato será cada vez pior. Sua vida está nas mãos de outros. Tudo discorre de maneira perversa, como se a crise devesse ser paga não por seus principais responsáveis, mas precisamente pelas vítimas mais frágeis. Enquanto diretores das entidades bancárias resgatadas com dinheiro público recebem indenizações multimilionárias, essas coletividades se veem relegadas à exclusão social. Temos que abrir os olhos e, sobretudo, o coração. Estão entre nós, em nosso entorno familiar, vivem em nossa vizinhança, em nossa demarcação paroquial.

Temos que viver a crise com eles e junto a eles. Encontrar nosso lugar junto às vítimas da crise não é só fazer uma doação de vez em quando. Significa também conhecer de perto os que vão ficando marginalizados, estabelecer com eles laços de amizade, apoiá-los na busca de trabalho ou de soluções à sua situação, responder com ajuda material - dinheiro, artigos de primeira necessidade... - conforme suas precisões. Significa, além disso, organizar a economia familiar pensando, por exemplo, em manter mais um membro, contribuindo com a quantidade correspondente à Cáritas; tomar a decisão de incorporar-nos a algum voluntariado ou serviço de ajuda a grupos desprotegidos socialmente...[28] É o momento de mobilizar nossas comunidades cristãs e promover o compromisso sociopolítico dos leigos.

Por outro lado, não podemos esquecer que o efeito mais grave da crise está passando quase inadvertido: a ajuda oficial da Espanha ao desenvolvimento ficou praticamente reduzida desde o ano 2010 à metade, pondo em perigo o que se havia consegui-

28. Outras sugestões práticas podem ser vistas em ARZOBISPADO DE MÉRIDA-BADAJOZ/Departamento de Doctrina Social de la Iglesia. "Vive sencillamente para que otros, sencillamente, puedan vivir" (*Vida Nueva*, 2.796, 14-20/04/2012).

do durante décadas de trabalho nos países empobrecidos[29]. Nestes momentos não devemos reduzir, mas aumentar nossa ajuda solidária (Cáritas Internacional, Campanha contra a Fome etc.). Nesses países não há crise: estão morrendo de fome.

8.4 Defenderemos o modelo social de atenção pública gratuita

É claro que a crise vai nos obrigar a rebaixar o nível do chamado Estado de Bem-estar: em conjunto, todos seremos mais pobres e gastaremos menos. Mas, em vez de fazer este percurso de maneira equitativa e solidária, a gestão da crise está nos levando a uma deterioração sociopolítica que pode pôr em perigo a coesão social. Estão sendo tomadas me-

29. Segundo dados do Plano Anual de Cooperação Internacional (Paci), a ajuda da Espanha passou de 4.491,8 milhões de euros em 2010 (0,43% do PIB) a somente 2.377,52 em 2012 (0,23% do PIB). Cf. *El País*, 13/06/2012, p. 13.

didas que minam as bases ideológicas do modelo social de serviços públicos que até agora ofereciam gratuitamente a todas as pessoas a atenção sanitária, o acesso à educação etc. Desta maneira se abre o caminho para uma sociedade dual de cidadãos de primeira, que podem pagar, e cidadãos de segunda, que não podem pagar.

Se as conquistas de atenção pública gratuita, alcançadas até agora, se degradam, inevitavelmente irão crescendo a precariedade e a desigualdade. Sem o devido suporte social, aumentará a exclusão dos setores mais desprotegidos: não saberão quem defende seu direito a uma vida digna. Este é, a meu ver, um dos efeitos mais perversos da gestão da crise, que vai ser paga com o sofrimento dos mais pobres, aos quais é cortada, de uma ou de outra maneira, a proteção social, para que possa voltar à "normalidade" o funcionamento imoral do sistema financeiro.

A gravidade é que estas medidas se decretam deteriorando o funcionamento democrático da sociedade. Em circunstâncias tão difíceis e decisivas em que tudo deveria convidar à concentração de forças e à busca de grandes acordos e pactos sociais, a crise está sendo resolvida por decreto-lei, contradizendo o programa eleitoral votado pela maioria, evitando um debate profundo no congresso e na câmara dos deputados e esvaziando assim de conteúdo real o regime parlamentar.

A partir da defesa dos últimos e da vontade de compaixão responsável e solidária, temos que defender e promover a defesa do comum, exigindo, cuidando e desenvolvendo serviços públicos que garantam as necessidades mais básicas. Reagir contra a privatização e o desenvolvimento do individualismo que pode encerrar-nos em nosso próprio bem-estar egoísta, deixando indefesos os mais fracos.

Temos que recuperar a importância do comum, a responsabilidade do cuidado de uns e outros, a defesa da família como lugar por excelência de relações gratuitas, a comunidade cristã como espaço de acolhimento e de mútuo apoio amistoso e fraterno. Quando se rompe a coesão e se enfraquece o suporte social, a família, a comunidade cristã e outros espaços de solidariedade responsável são o último refúgio para os que se sentem expulsos da seguridade social.

8.5 A verdade de Jesus nos tornará livres

O Evangelho de João atribui a Jesus estas palavras: "Se permanecerdes em minha Palavra, sereis verdadeiramente meus discípulos, conhecereis a verdade e a verdade vos libertará"[30]. Há um traço básico que define a trajetória profética de Jesus: sua vontade de viver

---

30. Jo 8,31-32.

na verdade de Deus. Ele não só diz a verdade, como busca a verdade e só a verdade de um Deus que quer um mundo mais humano para todos os seus filhos e filhas. Fala com autoridade porque fala a partir dessa verdade. Não fala como os fanáticos que tentam impor sua verdade, nem como os funcionários que a defendem por obrigação. Não se sente guardião da verdade, mas testemunha.

Por isso ele não tolera a mentira ou o encobrimento da verdade. Não suporta as manipulações. Sua honradez com a realidade o torna livre para gritar a verdade do Deus do Reino. A partir dessa vontade de verdade, Jesus se converte, segundo a acertada expressão de Jon Sobrino, em "voz dos sem voz", e "voz contra os que têm demasiada voz". Esta voz da verdade é mais necessária do que nunca no interior de nossa crise econômica.

A ocultação da verdade é um dos mais firmes pressupostos da atuação dos poderes financeiros e da atividade política sujeita a suas exigências. De fato, a crise está sendo administrada entre nós envolta numa estratégia e numa linguagem enganadoras e opacas, que ocultam a responsabilidade dos verdadeiros causadores da crise e do sofrimento das verdadeiras vítimas. Como conhecer a verdade real e os interesses que se ocultam por trás das decisões dos políticos e das reações do mundo financeiro? Mais uma vez, como diz Paulo de Tarso, "os homens aprisionam a verdade com a injustiça"[31]. Nós estamos nos movendo dentro de uma grande mentira. A que tipo de sociedade podemos aspirar, se dos centros de poder se oculta a verdade e se obriga a sociedade a ser protagonista de sua história a partir do engano ou da ignorância?

Para sermos testemunhas da verdade de Deus no meio da crise, devemos comprometer-nos antes de tudo a conhecer o que está

---

31. Rm 1,18.

acontecendo. A falta de informação é a primeira causa de absenteísmo e passividade. Mas, além disso, para ser "voz dos sem voz e voz contra os que têm demasiada voz" temos que crescer em liberdade. No interior desta crise é necessário desencadear a liberdade que Jesus pode gerar em nossos corações encolhidos, nas comunidades cristãs mais indiferentes e nos dirigentes religiosos sem audácia evangélica. Permanecer firmes na Palavra de Jesus nos tornará sempre mais livres para falar a partir da verdade dos que sofrem.

9
Manter viva a esperança de Jesus no meio da crise

Os evangelhos narram de diversas formas a preocupação básica de Jesus: "Vigiai. Estai preparados. Vivei despertos". O que preocupava o profeta do Reino é que o fogo do começo se apagasse, que seu movimento profético se instalasse e que seus seguidores acabassem dormindo. O que foi feito com a ordem de Jesus? Continuamos despertos? Mantém-se viva a nossa esperança? Vivemos buscando e acolhendo o Reino de Deus com fé viva?

9.1 Defrontar-nos com um futuro incerto

Nossos tempos não são fáceis para a esperança. Nossa sociedade está desconcertada. Esperávamos viver cada vez com mais bem-estar e menos problemas. A crise rompeu radicalmente nossas seguranças. A gente começa a ter medo. Estamos diante de uma experiência desconhecida. Nos próximos anos vamos dar um salto para trás: espera-nos uma vida mais pobre e precária, e não estamos preparados para viver mais pobremente. Não vamos voltar ao bem-estar de anos passados, mas a uma outra realidade, ainda desconhecida. Que futuro se pode construir com gerações com mais de 50% de jovens desempregados?

Temos que adaptar nossos olhos à escuridão destes momentos para perceber também agora sinais de esperança. Sinais humildes, mas não insignificantes, que Jesus interpretaria como sinais destes tempos que nos deixam entrever a obra oculta de Deus na consciência da humanidade e onde ele reconheceria "o dedo de Deus"[32]. Deus continua, também hoje, atraindo seus filhos e filhas para um mundo mais humano e mais bem compartilhado. Não peçamos sinais espetaculares vindos do céu. Deus não atua forçando com seu poder a liberdade dos seres humanos, mas atraindo-os para a compaixão e a defesa dos que sofrem.

As grandes causas pedem tempo, trabalho, abnegação e perseverança. As grandes esperanças da humanidade vão se tornando realidade com o aporte de gerações inteiras, com a contribuição dos povos e através de uma longa peregrinação. Necessitamos de confiança na ação de Deus e paciência diante da lentidão dos processos. O que se pede de nós é manter a direção para regenerar o espírito humano a partir da compaixão. É

---

32. Lc 11,20.

possível fazer a vida mais humana e feliz para todos. Mas não é um processo automático. Também podemos fazê-la mais insuportável[33].

Nada de grande se faz sem esforço. A crise pode ajudar-nos a pôr os fundamentos de uma convivência mais digna e mais bem orientada para um futuro mais humano. Pode ensinar-nos a viver de maneira mais solidária. Mais pobres, mas mais humanos. Mais necessitados, mas mais unidos para enfrentar os problemas. Mais carentes, porém mais lúcidos e responsáveis. Com mais vontade de justiça, com mais determinação para trabalhar pelo bem comum, com mais capacidade de regenerar a política. Assim, um país em crise vai tecendo um horizonte de esperança.

---

33. Lucas relata estas palavras de Jesus: "Se não vos converterdes, todos perecerão" (13,5).

9.2 Sinais portadores de esperança

A Boa notícia do Reino de Deus proclamada por Jesus e sua trajetória profética oferecem chaves para captar, no meio de tantos motivos para o abatimento e o medo do futuro, sinais portadores de esperança.

a) O sistema é incapaz de autocorrigir-se

O sistema capitalista neoliberal que nos mantém de mãos atadas não tem em seu interior capacidade para mudar seu rumo, nem sequer para limitar seus efeitos destruidores, cada vez mais evidentes. As crises que estão sendo geradas não são de ordem conjuntural. São crises do sistema que continuará provocando novas crises em cadeia, pois sua dinâmica imperialista não é capaz de autocorrigir-se e superar suas próprias contradições.

As crises vão desmascarando cada vez com mais crueza a irracionalidade do sistema. É absurdo um modelo econômico que só pode sustentar-se a partir do crescimento ilimitado no interior de um mundo limitado. É uma monstruosidade desenvolver uma competitividade selvagem que submerge na fome milhões de pessoas e não se detém nem diante da destruição do planeta. É uma aberração o atual império financeiro, que conseguiu nessas ocasiões fazer com que o capital produtivo no mundo girasse em torno dos trinta e cinco trilhões de dólares, enquanto o capital especulativo pode estar entre os oitenta e cem trilhões. É um disparate de inumanidade que as três pessoas mais ricas do mundo possuam ativos superiores a toda a riqueza dos quarenta países mais pobres, onde vivem seiscentos milhões de pessoas[34].

Ninguém sabe que convulsões e enfrenamentos, inclusive bélicos, pode gerar tudo

34. Dados podem ser conferidos em BOFF, L. *El planeta Tierra – Crisis, falsas soluciones, alternativas*. Madri: Nueva Utopía, 2011, p. 194.

isto no futuro, mas pode-se afirmar que vai se tornando cada vez mais difícil para a humanidade suportar a tirania do Dinheiro, que hoje domina a marcha do mundo.

b) Cresce a resistência diante do estado atual do mundo

Estão ocorrendo diversos fatos que favorecem o crescimento da resistência à situação injusta em que se encontra o mundo. Ainda que dos centros do poder se continue controlando em boa parte a informação, o pensamento e a opinião pública, as tecnologias da comunicação e a mobilidade da população humana tornam cada vez mais difícil manter ocultas a fome e a miséria dos empobrecidos do mundo e a destruição progressiva do planeta.

Por outro lado, os pobres dos países excluídos começam a reagir diante de sua miséria endêmica, e os satisfeitos dos países do bem-estar começam a sentir-se menos seguros. Algo está mudando lentamente. Os pobres do mundo já não aceitam sua situação como um destino inexorável. Em poucos anos foi crescendo o fluxo de imigrantes que sobem do Sul pobre para o Norte rico: da América do Sul para a América do Norte; da África para a Europa; dos países do Leste para o Ocidente europeu. Não é fácil deter esses grandes movimentos migratórios impulsionados pela fome e desesperança.

Ao mesmo tempo crescem e se espalham pelo mundo os movimentos de indignação e de resistência diante da agressão ecológica, da fome no mundo, das ditaduras, dos conflitos bélicos, das diversas escravidões... O sofrimento injusto no mundo é angustiante, mas E. Schillebeecx costumava afirmar que na sociedade moderna está crescendo "uma frente comum, de crentes e não crentes, que exigem um mundo melhor, de aspecto mais humano".

c) Está crescendo a preocupação pelas vítimas inocentes

Há outro fato mais importante. José María Castillo o considera "o mais decisivo e também o mais esperançoso" que está ocorrendo nestes momentos[35]. A crise está provocando uma reação para imprimir uma nova virada à história. A mudança depende de nossa responsabilidade. Porém, o mais esperançoso é que "a história moderna está iniciando um caminho novo" quase sem dar-nos conta disso. O antropólogo e historiador da cultura, René Girard, formulou assim a grande virada antropológica: "Nunca uma sociedade se preocupou tanto pelas vítimas como a nos-

---

35. Cf. CASTILLO, J.M. *Espiritualidad para insatisfechos*. Madri: Trotta, 2007, p. 140-144.

sa... nenhum período histórico, nenhuma das sociedades até agora conhecidas, falaram das vítimas como o fazemos nós"[36].

A mudança vai se processando lentamente nas diversas áreas [desenvolvimento das religiões; prática jurídica; convênios, convenções e protocolos firmados nas Nações Unidas; preocupação social pela humanização da vida...], e sempre na mesma direção: a defesa das vítimas que sofrem sem culpa alguma. Está crescendo a "consciência pesada" e o sentimento de culpabilidade pela indiferença diante do sofrimento injusto: as sociedades que nos precederam não criticavam a indiferença. Albert Nolan toma nota da evolução que se pode observar em uma corrente nada desdenhável da teologia cristã: "Passamos de ver a Deus como a causa do sofrimento que

---

36. GIRARD, R. *Veo a satán caer como un relámpago*. Barcelona: Anagrama, 2002, p. 209 [apud CASTILLO, J.M. *Espiritualidad para insatisfechos*. Op. cit., p. 141].

há no mundo a considerá-lo como quem permite que os humanos sofram, até contemplá-lo como quem sofre conosco"[37]. Este é o dado importante: Deus não é indiferente ao sofrimento. Deus sofre com a pessoa que sofre. Deus nos interpela a partir das vítimas inocentes.

Para um cristão este é o fato mais esperançoso: vai se tornando cada vez mais universal a preocupação por eliminar do mundo o sofrimento das vítimas.

Encontramos aqui o centro da utopia de Jesus: um mundo regido pela compaixão. Não é estranho que pensadores cristãos venham reclamando energicamente a compaixão como fundamento de um novo paradigma da convivência mundial. Só dois exemplos: Johan Baptist Metz propõe que só

---

37. NOLAN, A. *Esperanza en una época de desesperanza*. Santander: Sal Terrae, 2010, p. 28.

uma cultura inspirada e motivada pela "compaixão" pode romper "o poder da lógica dos mercados", "os automatismos da inimizade" e "o pragmatismo político que se desentende da rememoração do sofrimento"[38]. Leonardo Boff, por sua vez, afirma: "Na compaixão se dá o encontro de todas as religiões, do Oriente e do Ocidente, de todas as éticas, de todas as filosofias e de todas as culturas. No centro está a dignidade e a autoridade dos que sofrem, provocando em nós a compaixão ativa"[39].

No início deste novo milênio está se abrindo de maneira humilde e quase imperceptível um horizonte novo na história da humanidade. René Girard não duvida em afirmar que "o poder de transformação mais eficaz não é a violência revolucionária, mas a moderna preocupação pelas vítimas"[40].

---

38. METZ, J.B. *Memoria passionis*... Op. cit., p. 169-173.

39. BOFF, L. *El planeta Tierra*... Op. cit., p. 243.

40. Apud CASTILLO, J.M. *Espiritualidad para insatisfechos*. Op. cit., p. 143.

Johann Baptist Metz nos descreve com humildade um "sonho diurno" que às vezes se acende em seu coração de profeta para esfumar-se em seguida:

> Atualmente vivem na Terra mais de dois milhões de cristãos. O que ocorreria se todos se atrevessem a levar a cabo em seus diferentes mundos de vida, dispersos pelo globo terráqueo, o experimento da *compassio*, ainda que fosse de maneira simples e modesta, sempre que se empreendesse sem titubeios e a longo prazo... de modo que este experimento, além de apelos morais, penetrasse mais e mais nos fundamentos da convivência humana? Sim, o que aconteceria? O que aconteceria se surgisse finalmente um ecumenismo da *compassio* entre os cristãos? Não projetaria isso uma nova luz sobre a Terra, sobre este mundo tão

> dolorosamente desgarrado pelas tempestades da globalização?[41]

E o que ocorreria se nós que seguimos a Jesus, nossas comunidades cristãs, as Igrejas diocesanas e a Igreja no nosso país escutássemos com fé, audácia e responsabilidade o apelo de Jesus a introduzir a compaixão na crise?

---

41. METZ, J.B. *Memoria passionis*... Op. cit., p. 172-173.

10
Jesus Cristo, nossa esperança

A trajetória profética de Jesus alcança sua culminação ao ser crucificado nos arredores da cidade santa de Jerusalém. Na cruz se revela de maneira definitiva sua paixão pelo Reino de Deus e sua compaixão por todas as vítimas, cuja aflição Ele assume até o final.

Seu pedido de perdão ao Pai para os verdugos que o crucificam é, ao mesmo tempo, um gesto sublime de compaixão e uma crítica suprema à insensatez do poder político e do poder religioso que crucifica os inocentes: "Pai, perdoai-lhes, porque não sabem o que fazem"[42]. Por outro lado, seu grito a Deus identificado com todas as vítimas pedindo alguma explicação para tanta injustiça e abandono, e sua entrega confiante ao Pai ficam nos lábios do Crucificado, reclamando uma resposta de Deus para além da morte: "Meu Deus, meu Deus, por que me abandonaste?" Por que nos abandonaste? "Pai, em tuas mãos encomendo meu espírito"; Pai, em tuas mãos estão as nossas vidas[43].

A ressurreição do Crucificado desautorizando o representante do Império Romano e as autoridades do Templo constitui a intervenção definitiva de Deus que abre um futuro novo à história humana. A nova esperança que Jesus introduz no mundo só é possível

42. Lc 23,34.

43. Mc 15,34; Lc 23,46.

acolhê-la e proclamá-la a partir da fé num Deus que não abandona as vítimas. Um Deus livre e libertador, cujo amor salvador não tem por que acomodar-se às pretensões dos poderosos nem seguir os caminhos que lhe indicam os donos do mundo.

A última palavra sobre a história humana pertence somente a Deus. Quando seu projeto é impedido pelo mal, fracassa por nosso pecado ou fica pela metade, interrompido pela morte, Deus o leva à sua plenitude além da morte. Um dia, as bem-aventuranças de Jesus se cumprirão. Deus será tudo em todos. Ele "enxugará as lágrimas de nossos olhos, e não haverá mais morte nem pranto, nem gritos, nem fadigas, porque o velho mundo terá passado"[44]. Então escutaremos do Ressuscitado as palavras mais consoladoras que podemos ler nas Escrituras cristãs: "Ao que tenha sede

44. Ap 21,4.

eu lhe darei de beber grátis do manancial da água viva”[45].

45. Ap 21,6.

JESUS: APROXIMAÇÃO HISTÓRICA

José Antônio Pagola

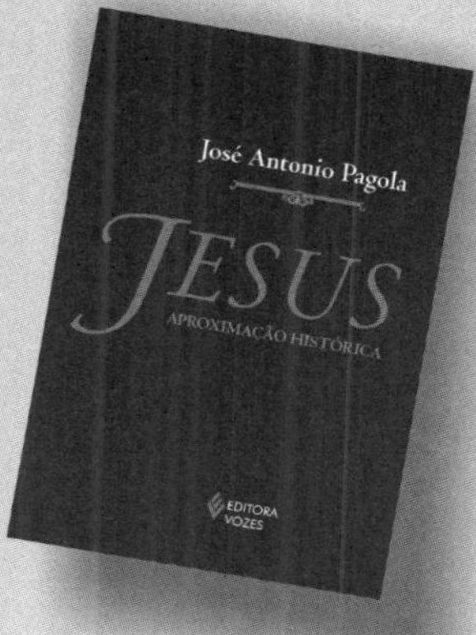

"Quem foi Jesus? Como entendeu sua vida? Que alternativa quis introduzir com sua atuação? Onde está a força de sua figura e a originalidade de sua mensagem? Por que o mataram? Como terminou sua aventura? Que segredo se esconde nesse galileu fascinante, nascido há dois mil anos numa aldeia insignificante do Império Romano e executado como um malfeitor perto de uma antiga pedreira, nos arredores de Jerusalén, quando beirava os 30 anos? Quem foi este homem que marcou decisivamente a religião, a cultura e a arte do Ocidente?

Estas são algumas das inúmeras perguntas suscitadas em torno de Jesus. Nesta obra de 650 páginas, José Antônio Pagola, professor de Cristologia na Faculdade Teológica de Vitória (Espanha), há sete anos se dedica exclusivamente a pesquisar e tornar conhecida a pessoa de Jesus, oferece um relato vivo e apaixonante da atuação e da mensagem de Jesus de Nazaré, situando-o em seu contexto social, econômico, político e religioso a partir das mais recentes pesquisas.

Na apresentação da obra, o próprio autor escreve: "Meu propósito fundamental foi 'aproximar-me' de Jesus com rigor histórico e com linguajar simples, para aproximar sua pessoa e sua mensagem ao homem e à mulher de hoje. Quis pôr nas mãos de você, leitor e leitora, um livro que os oriente para não enveredar por caminhos atraentes, mas falsos, de tanto romance-ficção, escrito à margem e contra a investigação moderna".